KUFIKA

'A Black Heritage Experience'

LyndonLynks Publishing

Boston, Massachusetts

KUFIKA

Published by LyndonLynks Publishing, Boston, Massachusetts

Sheila Jenkins, Publisher / Editorial Director

Barbara J. Ward, Illustrator

Yvonne Rose/Quality Press Info., Book Packager

ALL RIGHTS RESERVED

No part of this publication may be reproduced or transmitted in any form or by any means – electronic or mechanical, including photocopying, recording or by any information storage and retrieved system without written permission from the author, except for the inclusion of brief quotations in a review.

LyndonLynks publications are available at special discounts for bulk purchases, sales promotions, fund raising or educational purposes.

DISCLAIMER:

The contents that appear in this publication are to the best of our knowledge. If errors are present, please let us know; however, no endorsements are intended or implied.

Kufika, Vol 1, No.1, September 2021. Copyright© 2021 by Kufika and LyndonLynks. The Trademark of Kufika ®, is registered patent. Printed in the USA.

ISBN #: 978-0-578-30465-6
Library of Congress Control Number: 2021920643

TABLE OF CONTENTS

Introduction 1
Blacks in Show Business 2
Blast from the Past, Part One 3
Black Actors and Actresses 1 4
All that Jazz and Blues 5-6
'Soul For Real – A Soul Food Experience' 7
Blast from the Past, Part Two 8
Blacks in Films 9-10
Harlem Renaissance 11
Harlem Renaissance – The Writers 12
Harlem Renaissance – the Artists 13-14
Blast from the Past, Part Three 15
Let's Get Down and Giouba 16
Blast from the Past, Part Four 17
'Of Africa' 18
Get it Together 19
Africa Speaks 20
Black Actors and Actresses 2 21
Blast from the Past, Part Five 22
Films, Take One! 23
People, Places, and Events 24
Memories 25
Compelling Jazz Greats 26
Black Pioneers 27
My Ancestors were Drummers 28-30
Swahili 31
Compelling Jazz Greats – Fact Sheet 32
Black Pioneers – Fact Sheet 33
Answers 34-41

The Tree of Life – Hampton University, Hampton, Virginia (photo taken by Barbara J. Ward).

INTRODUCTION

Kufika means to arrive in Swahili. Kufika publication was established to inculcate a positive perspective about African American people and our heritage.

Over the past centuries, Negroes, Colored people, Afro-Americans, African Americans, Blacks, Brown, Latinos, Asiatic, and People of Color have not always been given the proper recognition they deserved for their accomplishments.

Kufika symbolizes our Black selves, Black pride, self-respect, and dignity.

We strive towards retaining what we struggled for since the days of our ancestors. We continue our efforts to make a positive impact in todays' society and for future generations.

Let it be known "We are strong, we are proud, we are intelligent, we are beautiful, and we are to be recognized!"

"...to express our individual dark-skinned selves without fear or shame." Langston Hughes

Peace unto you!

BLACKS IN SHOW BUSINESS

The actors and actresses listed in this section are recognized and remembered as highly acclaimed performers. In this section search for the names that are underlined. Julian Bond was an activist. However, he played himself in the movie 5 to 7 and in the miniseries King.

Solution on Page 36

Amos, John
Blue, Vida
Bond, Julian
Browne, Roscoe Lee
Cambridge, Godfrey

Chamberlain, Lee
Clayton, Rony
Cully, Zara
Dubois, Ja'net
Grier, Pam

Gunn, Moses
Hooks, Robert
Kelly, Jim
Kotto, Yaphet
Little, Cleavon

```
A G J K L C V B W C A M B R I D G E M W I P Z U R R
V Z A R A T Y W K L F P M N G F H T Y G H D F N E O
Z E M C V B R O S C O E L E E K N O W N M X S I D N
L A W L K T R U T H K G W R F H O O K S X C E T D Y
T F E E V M I N G O H J Y W J D F W D P S C S Y C X
Q E A R T Z R I L Y U M F D V O T E R W M R O K X R
E R T A K L T F S L H C F W O B H G H J K M M F O A
E I H R E F G H I B W S F G A P K L F W R P L T F S
L C E V L R V A P O T R T P M S S S D U B O I S U U
L A R P L P N C M N F K O J P C H K R B N S H G F L
Y C S O Y N Y M P N M R F W A S P I L M E R N M T A
R D M L T P F L F N U E S E C P F N F X Z C V U L
E M P Z L F W S T P A R L I P W Q W V G Y T G H B A
H A Y E N R R N R D M I N K R N I U E K T M K X M F
S M K F Q W K R I R N F K F N G F T E N T O N M A B
H L R P G Y F V F K C V R T R V B N R S R E N K N N
T E L G F S H E Y F Y H D R P L L P H Z Y N S R N I
X A M O S I Z E N L S T N V S A L O H C I N W O O A
N E W Z A H K J X B G H K A P N Z K P N P F K U L L
T I E R R E L K N P W I N F I E L D P N K X J N I R
N B R F P N T E X S H P K F K F N P H X D B E D E E
E D R Z F E N B F R E D E R I C K P Z T J Z Z T S B
B H P K H P N I N P H N P X Y N P Y N P X N V R H M
I R O P K B N O F K N P L F N Z K F N M C K O E S A
Z J A C N D C L E A V O N Z S I N C L A I R Z E I H
P Y N K I N G O M X F R E E D O M P E A C E N F P C
```

Nicholas, Denise
O'Neal, Frederick
Ralph, Sheryl Lee
Rasulala, Thalmus

Roundtree, Richard
Sinclair, Madge
St. Jacques, Raymond
Turner, Tierre

Washington, Gene
Weathers, Carl
Winfield, Paul

  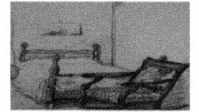

BLAST FROM THE PAST, PART ONE

The performers listed in this section arrived with incredible and sensational music consisting of country, rhythm & blues, jazz, funk, soul, pop, rap and hip-hop. Match the titles of the songs to the performers.

Solution on Page 38

A.	Soul Man	K.	Rock Your Baby
B.	This Magic Moment	L.	Loving You
C.	Candy Man	M.	Let Me Be Your Angel
D.	Just the Two of Us	N.	The Glamorous Life
E.	Mr. Big Stuff	O.	Night
F.	Spanish Harlem	P.	Papa's Got a Brand New Bag
G.	Band of Gold	Q.	For Your Precious Love
H.	Will It Go Round in Circles	R.	You Don't Have to Be a Star
I.	Sittin' on The Dock of The Bay	S.	If You Let Me Make Love to You, Then Why Can't I Touch You
J.	I'll Never Fall in Love Again		

1. Aretha Franklin
2. Billy Preston
3. Dionne Warwick
4. 5th Dimension
5. Freda Payne
6. George McCrae
7. Grover Washington, Jr.
8. Jackie Wilson
9. James Brown
10. Jay Black
11. Jean Knight
12. Jerry 'Iceman' Butler
13. Minnie Rippleton
14. Otis Redding
15. Ronnie Dyson
16. Sam And Dave
17. Sammy Davis, Jr.
18. Sheila E.
19. Stacey Lattisaw

BLACK ACTORS AND ACTRESSES 1

The actors and actresses listed in this section are recognized and remembered as highly acclaimed performers. In this section search for their last names.

Solution on Page 37

```
H R T H J Y L F D I X O N J M B D A N D R I D G E W
W A J S L O V E P M A B L E Y N J Q P E A C E T N L
V S L U Q H O R N E G G N L S X H C R U P S A N D S
S E V T C J L J S B M R F D J H S L L B X T S J S H
H A T S O U L P K X J N S J T U N M X D J D R X W V
J C S J C T A Y T G G R U N T N C M J C N V V D V N
D T S V M R B L T N E T S L U Q U N B N V M G P B O
L T R C K L N V M V L J T V U V L R P S L C B R K S
C M L S M R B F A N L R S E B V Y N V R V K A Y L B
M I J T J L P E M B C W E W S J M L T E Y I N O M O
N K L T R M B J H Y M N K N B C H T U T B N Y R S D
S A D J B F X N Y W J L P M L S A W B E L N N L T S
C E M O R R I S J R L M F T J R L S L P L E N L B J
O L X Z R F T D J N R L V R T N O C H M K Y C D F V
T F O X X R N C R O F E H J E J M Y F L D B M M B N
T V D G F E J F G Y H T P L N E M N G D F V B A N T
G N L L V C S D S F Y H N P L M J R N U L K R B Z
C Q W L J V M I C H E A U X L X N A M B L M N G J Y
X L A M P R E N E E T S J A C K N L N M R J T N B L
S B N S D R A W D E N K X U N I T Y G B P X K I P J
```

1.	<u>Allen</u>, Debbie	Born in 1956
2.	<u>Beavers,</u> Louise	Born in 1902
3.	<u>Caesar</u>, Adolph	Born in 1934
4.	<u>Cash</u>, Rosalind	Born in 1938
5.	<u>Dandridge</u>, Dorothy	Born in 1922
6.	<u>Dixon</u>, Ivan	Born in 1931
7.	<u>Dobson</u>, Tamara	Born in 1947
8.	<u>Edwards</u>, James	Born in 1918
9.	<u>Freeman</u>, Jr., Al	Born in 1934
10.	<u>Horne</u>, Lena	Born in 1917
11.	<u>McKinney</u>, Nina Mae	Born in 1913
12.	<u>Ingram</u>, Rex	Born in 1895
13.	<u>McQueen</u>, Thelma 'Butterfly'	Born in 1911
14.	<u>Micheaux</u>, Oscar	Born in 1884
15.	<u>Morris</u>, Greg	Born in 1934
16.	<u>Parks</u>, Sr., Gordon	Born in 1912
17.	<u>Perry</u>, Lincoln Theodore Monroe Andrew	Born in 1902
18.	<u>Peters</u>, Brock	Born in 1927
19.	<u>Sands</u>, Diana	Born in 1934
20.	<u>Scott</u>, Hazel	Born in 1920

KUFIKA

ALL THAT JAZZ AND BLUES

Do you know who the compelling jazz performers are in this section? There are 19 multiple choice questions pertaining to a few of the greatest jazz musicians and vocalists. Circle your response.   Solution on Page 34

1. What was William Henry Joseph Bonaparte Bertholf Smith also known as?
    a. Bill Smith
    b. Stuff Smith
    c. 'The Lion'

2. What was Mary Lou Williams birth name?
    a. Ethel Waters
    b. Mary Elfreida Winn
    c. Mildred (Rinker) Bailey

3. What musician was known as 'Kid Punch'?
    a. James 'Jimmy' Witherspoon
    b. Ernest Miller
    c. Pharoah Sanders

4. What was Billy Kyle also known as?
    a. Johnny St. Cyr
    b. Sam Rivers
    c. William Osborne

5. Who was Ruth Jones?
    a. Dinah Washington
    b. Mary Lou Williams
    c. Sarah Vaughan

6. What was Muddy Waters birth name?
    a. Michael Anthony Powell
    b. Leroy Jenkins
    c. McKinley Morganfield

7. What musician was also known as 'Hot Lips'?
    a. Oran Thaddeus Page
    b. Stanley Clarke
    c. Wilbur Clayton

8. What was 'Memphis Slim's' birth name?
    a. Chico Hamilton
    b. Leo Parker
    c. Peter Chapman

9. What musician was also known as 'Red'?
    a. Joe Sullivan
    b. Henry James Allen
    c. Buddy Tate

ALL THAT JAZZ AND BLUES (continued)

Solution on Page 34

10. What musician was also known as 'Cootie'?
    a. Charlie Melvin Williams
    b. James Miley
    c. Louis Jordan

11. What was Ma Rainey's birth name?
    a. Sarah Vaughan
    b. Gertrude Malissa Pridgett
    c. Mahalia Jackson

12. What is Yusef Lateef's birth name?
    a. Teddy Wilson
    b. Michael Westbrook
    c. Bill Evans

13. What musician was also known as 'Leadbelly'?
    a. Charles Tolliver
    b. Bubba Johnson
    c. Huddie Ledbetter

14. What musician was also known as 'Lightnin'?
    a. Louis Armstrong
    b. Nat King Cole
    c. Sam Hopkins

15. What musician was also known as 'Bunk'?
    a. William Geary Johnson
    b. Ornette Coleman
    c. Wayne Shorter

16. What musician was also known as "Budd'?
    a. William Johnson Coleman
    b. McKinley Dorham
    c. Albert J. Johnson

17. What musician was also known as 'Sweets'?
    a. Harry Edison
    b. Tadd Dameron
    c. Wes Montgomery

18. What musician was also known as 'Little Jazz'?
    a. David Roy Eldridge
    b. B.B. King
    c. Eric Dolphy

19. What musician was also known as 'Cannonball'?
    a. Julian Edwin Adderley
    b. Eddie Durham
    c. Miles Dewey Davis

'SOUL FOR REAL...A SOUL FOOD EXPERIENCE'

The aroma of soul food is tantalizing, mouth-watering and delectable. Smoked ham, southern fried chicken, macaroni and cheese, potato salad, seasoned collard greens, candied yams, hush puppies and sweet corn are simply exquisite for cookouts and dinner. Take a seat and 'kufurahia mlo wako' – enjoy your meal!

Solution on Page 35

- Apple Pie
- Barbecue Spareribs
- Bean Pie
- Blackeye Peas
- Candied Yams
- Cheese Grits
- Chitterlings
- Cole Slaw
- Collard Greens
- Cornbread
- Corn on the Cob
- Fatback
- Flapjacks
- Ham Hocks
- Hog Mogs
- Hot Buns and Butter
- Kale
- Macaroni and Cheese
- Mustard Greens
- Pig's Feet
- Potato Salad
- Smoked Ham
- Smoked Turkey
- Southern Fried Chicken
- Sweet Potato Pie
- Sweet Potatoes
- Turnip Greens

S	D	H	A	M	H	O	C	K	S	S	N	E	E	R	G	D	R	A	L	L	O	C	K
S	F	O	G	B	J	T	U	R	N	I	P	G	R	E	E	N	S	S	S	S	T	O	L
M	G	G	J	E	I	P	N	A	E	B	J	C	L	P	C	W	S	Z	W	N	G	R	H
O	T	M	W	G	Q	F	D	W	M	K	W	H	W	N	H	K	A	V	E	E	D	N	J
K	W	O	W	A	L	S	E	L	O	C	J	I	N	Y	E	L	E	B	E	E	G	B	D
E	N	G	J	P	T	V	P	C	J	Q	X	T	Q	H	E	K	P	O	T	R	C	R	D
D	R	S	W	F	W	T	Y	N	M	S	J	T	H	J	S	Q	E	C	P	G	S	E	A
T	P	X	P	H	S	H	Y	P	W	Q	R	E	P	D	E	W	Y	E	O	D	K	A	L
U	D	S	T	E	E	F	S	G	I	P	D	R	N	S	G	N	E	H	T	R	C	D	A
R	Q	W	P	Z	Q	P	W	Z	I	Q	X	L	L	K	R	N	K	T	A	A	A	M	S
K	Z	S	M	O	K	E	D	H	A	M	W	I	J	M	I	J	C	N	T	T	J	P	O
E	Q	Z	P	N	Q	S	Z	P	A	A	N	N	P	H	T	Q	A	O	O	S	P	K	T
Y	W	A	P	P	L	E	P	I	E	Q	Z	G	S	Q	S	W	L	N	E	U	A	Y	A
V	C	D	S	G	F	D	C	R	T	G	B	S	V	C	J	L	B	R	S	M	L	H	T
M	A	C	A	R	O	N	I	A	N	D	C	H	E	E	S	E	L	O	G	L	F	K	O
X	Q	S	O	U	T	H	E	R	N	F	R	I	E	D	C	H	I	C	K	E	N	M	P
Z	C	A	N	D	I	E	D	Y	A	M	S	W	D	F	J	H	W	H	G	S	D	F	G
K	A	L	E	B	N	M	H	Y	E	E	I	P	O	T	A	T	O	P	T	E	E	W	S
W	R	T	Y	X	S	B	I	R	E	R	A	P	S	E	U	C	E	B	R	A	B	R	T
H	O	T	B	U	N	S	A	N	D	B	U	T	T	E	R	L	K	C	A	B	T	A	F

Soul Food Soul Food Soul Food   Soul Food Soul Food Soul Food

BLAST FROM THE PAST, PART TWO

The performers listed in this section arrived with incredible and sensational music consisting of country, rhythm & blues, jazz, funk, soul, pop, rap and hip-hop. Match the titles of the songs to the performers.

Solution on Page 38

A.	Hustle	K.	When a Man Loves a Woman
B.	Tear on My Pillow	L.	Lost in Emotion
C.	Somebody's Watching Me	M.	You Send Me
D.	Walk Away from Love	N.	Everyday People
E.	I Shot the Sheriff	O.	Looking for a New Love
F.	I've Got Love on My Mind	P.	Pillow Talk
G.	You Should Be Mine	Q.	Land of a Thousand Dances
H.	Solid	R.	Disco Lady
I.	Kiss an Angel Good Morning	S.	Paper Doll
J.	Turn Back the Hands of Time		

1. Ashford & Simpson _____
2. Bob Marley _____
3. Charlie Pride _____
4. David Ruffin _____
5. Jeffrey Osborne _____
6. Jody Watley _____
7. Johnnie Taylor _____
8. Rockwell _____
9. Little Anthony & The Imperials _____
10. Mills Brothers _____
11. Natalie Cole _____
12. Percy Sledge _____
13. Sam Cooke _____
14. Sly & The Family Stone _____
15. Sylvia _____
16. Tyrone Davis _____
17. Lisa Lisa & Cult Jam _____
18. Wilson Pickett _____
19. Van McCoy _____

KUFIKA

BLACKS IN FILMS

'Enrich Our History'. 'Preserve Our Roots'. In this section there are 16 multiple choice questions. Circle your response. Fill in the blank spaces.

Solution on Page 34

1. Actor/Comedian Richard Pryor and actress Cicely Tyson escorted a group of emotionally challenged* children from Pennsylvania to Seattle. What movie describes this inscription?
   a. Bustin' Loose (1981)
   b. Greased Lightnin' (1977)
   c. The Mack (1973)

2. In the 1943 movie '**Cabin in the Sky**' the following actor and actresses played what character:
   a. Lena Horne's character: _____
   b. Ethel Water's character: _____
   c. Eddie 'Rochester' Anderson's character: _____

3. What actress played Carmen Jones in the 1954 film '**Carmen Jones**'?
   a. Pearl Bailey
   b. Dorothy Dandridge
   c. Butterfly McQueen

4. What actor played Dr. Henry Pride in the 1976 movie '**Dr. Black, Mr. Hyde**'?
   a. Calvin Lockhart
   b. Fred Williamson
   c. Bernie Casey

5. What actor played Brutus Jones in the 1933 film '**The Emperor Jones**'?
   a. Paul Robeson
   b. Redd Foxx
   c. Frederick O'Neal

6. In the 1977 film '**Greased Lightnin'**', Richard Pryor plays the first Black race car champion. What is this champion's name?
   a. John Smith
   b. Wendell Scott
   c. Alexander Robinson Williams

7. What actor played Norman in the 1976 film '**Norman, Is That You**'?
   a. Bill Cosby
   b. Nipsey Russell
   c. Michael Warren

8. What actors played the following characters in the 1972 film '**Come Back Charleston Blue**' and in the 1970 film '**Cotton Comes to Harlem**'?
   a. Grave Digger Jones _____
   b. Coffin Ed Johnson _____

KUFIKA

BLACKS IN FILMS (continued)

Solution on Page 34

9. What actress played Georgia Martin, a confused singer in the 1972 film 'Georgia, Georgia'?
   a. Denise Nicholas
   b. Diana Ross
   c. Diana Sands

10. What actress played Melinda in the 1972 film 'Melinda'?
    a. Janet MacLachlan
    b. Vonetta McGee
    c. Olga James

11. Who were the three actresses that played the singing sister group in the 1976 film 'Sparkle'?
    _____ _____ _____

12. What actor played the distinguished character Priest in the 1972 film 'Superfly'?
    a. Isaac Hayes
    b. Max Julien
    c. Ron O'Neal

13. Cicely Tyson played Rebecca in what film?
    a. Ain't Nothing but a Sandwich (1978)
    b. Sounder (1972)
    c. Bustin' Loose (1981)

14. What actor played the prestigious Black detective John Shaft in the 1971 film 'Shaft'?
    a. Richard Roundtree
    b. Isaac Hayes
    c. Jim Kelly

15. What actress played the undercover narcotics agent Cleopatra in the 1973 film 'Cleopatra Jones'?
    a. Pam Grier
    b. Tamara Dobson
    c. Brenda Sykes

16. Actress Fredi (Fredericka) Washington was the first wife of what famous individual?
    a. Rex Ingram
    b. Eddie 'Rochester' Anderson
    c. Adam Clayton Powell, Jr.

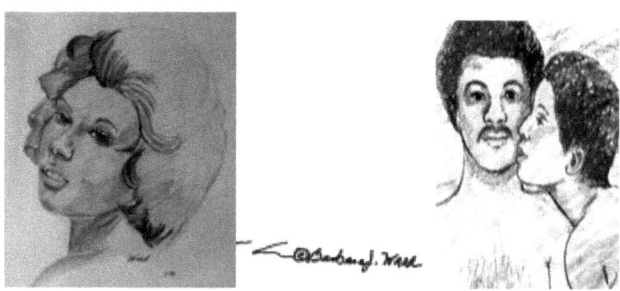

(*Emotionally challenged was the term used in the 1970s.)

KUFIKA

HARLEM RENAISSANCE

The Harlem Renaissance was the first large exhibition of work created by African American artists that began on August 1, 1921, and extended to September 30, 1921, held in Harlem New York's Public Library.

The purpose of this exhibit was to attract the public's interest in visual arts produced by Black artists. Harlem Renaissance was an artistic, literary, and intellectual movement that heightened the new Black (African American) identity. This movement continued and expanded well into the mid-1930's.

Harlem Renaissance permitted Blacks (African Americans) to pursue their own strategies in coping with the social economic conditions of America. Through self-determination, self-help, self-respect and group expression, individuals involved in this movement transformed America's way of how they perceived Blacks (African Americans).

Harlem Renaissance was supported by Alain Leroy Locke, Jean Toomer, and Langston Hughes, as well as other Black intellectuals.

HARLEM RENAISSANCE - THE WRITERS

"Knowledge is Power." In this diagram there are 26 empty boxes. Place a letter of the alphabet into the empty boxes to form names of the most prominent writers, novelists, and poets. The letters of the alphabet can only be used once. The individuals may have participated in Harlem Renaissance and/or honorably mentioned.

Solution on Page 41

E	N	O	E	U	B	U	E	R	G	H	M		Y	A	W	A	S	H	U	I	N	E	G	T	I
E	S	S	B	Y	I	G	R	A	E	T	N		O	U	N	T	E	E	P	R	I	D	E	I	N
M	N	E	R	E	O	M	I	R	R	I	S		O	N	I	S	O	N	T	E	M	O	N	T	E
R	K	O	I	N	A	E	G	I	O	V	A		N	I	H	A	R	L	E	E	M	U	N	W	Y
S	E	E	S	D	E	H	A	L	L	S	E		A	R	A	K	A	M	A	B	U	K	A	L	E
D	E	R	U	E	A	M	E	I	N	N	A		O	C	K	E	Y	E	R	O	L	O	N	O	M
D	E	L	G	O	Z	E	S	G	H	N	T		Z	A	K	E	M	U	K	E	N	O	I	C	A
N	O	H	R	E	H	T	E	A	W	D	O		E	D	E	T	N	E	M	Y	L	B	A	R	O
T	I	N	W	E	B	A	M	B	A	R	A		A	M	E	S	W	R	I	G	H	W	E	S	S
I	W	A	J	E	T	U	S	U	A	L	E		L	O	R	D	E	A	U	D	R	U	M	A	L
Y	O	U	S	T	E	G	S	L	O	A	G		U	N	B	A	R	M	A	K	I	F	U	K	E
F	O	R	A	S	O	R	E	T	T	A	M		L	L	I	S	O	N	Y	M	O	D	E	E	R
L	A	B	D	E	N	A	M	U	S	E	H		W	E	N	D	O	L	Y	N	I	R	P	K	C
A	T	E	I	S	T	Y	L	E	C	I	C		U	I	N	N	X	H	G	U	O	R	O	B	R
L	O	T	C	O	L	L	E	M	M	E	U		O	O	D	Y	B	E	O	J	R	E	V	I	L
B	O	R	H	U	I	B	U	N	K	Y	A		O	R	A	B	E	A	L	E	Z	N	O	S	E
M	E	Q	E	O	B	U	D	G	R	I	M		E	A	L	L	U	O	S	M	L	O	C	L	A
P	E	R	M	Y	K	I	B	O	C	A	J		A	U	S	E	T	B	N	O	I	T	A	R	A
H	O	K	D	A	E	H	E	T	I	H	W		O	B	E	S	O	N	P	A	T	M	A	R	T
T	U	L	Z	S	E	T	I	L	I	H	C		A	L	K	E	R	G	N	I	K	E	R	E	H
E	D	U	M	E	N	A	I	R	A	M	A		G	U	S	T	K	I	W	U	L	D	N	A	M
L	U	J	T	R	A	T	E	I	R	R	A		U	G	H	E	S	V	D	N	O	B	N	A	I
R	O	N	I	E	V	I	L	O	R	R	A		N	E	D	A	N	I	L	O	R	A	C	H	T
L	C	M	T	T	E	I	R	R	A	H	A		D	E	N	F	I	L	A	C	E	M	M	I	E
E	M	T	M	O	D	E	E	F	O	W	E		T	R	E	M	C	A	N	T	O	E	S	T	A
S	A	M	E	B	O	O	N	I	E	U	T		A	U	L	E	T	T	E	S	U	H	C	A	S

"Reading is Fundamental"

KUFIKA

HARLEM RENAISSANCE – THE ARTISTS

Have you had an opportunity to view the fine arts exhibited by prestigious Black, African American artists? The artwork produced by the artists in this diagram is breathtaking, extraordinary, and highly exceptional. Explore the wonderful world of fine arts and relish the artists' experience. Hidden in this diagram are titles of various artists and photographer's product.

Solution on Page 36

#	Title	Artist
1.	'A Drum of Water'	Philemona Williamson
2.	'Barefoot Prophet'	James Van Der Zee
3.	'Benny Andrews: With Georgia on My Mind'	Benny Andrews
4.	'Black Manhattan'	Romare Bearden
5.	'Black Man Leading Brown Dog'	Bill Taylor
6.	'Depressed'	James Reed
7.	'Forms'	Elizabeth Catlett
8.	'Jesus Loves Me'	Varnette Honeywood
9.	'Liberation'	Aaron Douglas
10.	'Links and Lineage'	Paul Goodnight
11.	'Mere Du Sene Gal'	Lois Mailou Jones
12.	'Other Rooms'	Jacob Lawrence
13.	'Paka: Womansong'	Hassan Antar
14.	'Relay'	Eric Barnes
15.	'Study For Her Grace'	Allen Rohan Crite
16.	'The Couple'	Milton Derr
17.	'The Judge'	Vusumuzi Maduna
18.	'The Thankful Poor'	Henry Ossawa Tanner
19.	'Three Kings'	John T. Biggers
20.	'Woman with The Pink Tam'	Hughie Lee-Smith

HARLEM RENAISSANCE – THE ARTISTS

Solution on Page 36

```
H O M E W E L L N E T H E T H A N K F U L P O O R P D
S W E E T S S O U L F U L N E S S W B G N J U M K I N
P U M P S T H A P P Y T O G E T H E R N E S S U S E I
L T H E J U D G E P I Z X L I B E R A T I O N P I W M
E L O V E D B L A C K N E S S L O V E H A R M O N Y Y
S B P Y U Y M E J E S U S L O V E S M E J O N E E S M
T L A O S F W I N T E R S U M M R E T R E E L K G M N
E M K U D O N B A R E F O O T P R O P H E T I N O V O
R W A C C R H K O K O M O K O H O U S M A N F O D U A
T E W A A H C A D R L E I J U S T C A U S A E Y N T I
O M O L L E O D T H E C O U P L E W I S Y N M S W R G
W A M I S R T R H W A T S O N R E N E E J A A R O A R
A R A F C G X I R M U L I B E R A T I O N I T E R E O
D T N O N R A E E S P I R I T S A T I O N S T K B P E
N E S R C A Z N E O P L A Y A U S L E I S E E R G N G
A R O E H C I N K L I B T R E M L T T E W S R O N M H
T J N G I E D E I A A D R U M O F W A T E R B Y I O T
O G A L D A D N A C N A R F L L E R R E T L E D O I I
A Y A E I I D R G A S E S O M Y E N W O D M A N A R W
H C E N M A A E S E S D R A W S O M L E E K C K E R S
N O I I E Q K T N K I D L O R A H R E L A Y C R L E W
A M O L X U O S R O S E T T A B R O W N W A K O N M E
M E U D K I M I E J Y M M I J F O R M S D R M O A A R
K S R N R R O N I W A T E R T R U S T U B S B Y M C D
C T I A O I W P E A C E O D E P R E S S E D L O K A N
A O G S W M I X X E D C O L N E G A F R N O M L C K A
L D H K T B O S T M A O T H E R R O O M S N Y N A C Y
B A T N R E D G E C O M B E N C T A R H E A L S L I N
A E R I A M E R E D U S E N E G A L M A R T H A B R N
L E E L P E A C E F U L C A L M C O M M O N S E N F E
U N I T Y W O M A N W I T H T H E P I N K T A M T A B
```

KUFIKA 14

BLAST FROM THE PAST, PART THREE

The performers listed in this section arrived with incredible and sensational music consisting of country, rhythm & blues, jazz, funk, soul, pop, rap and hip-hop. Match the titles of the songs to the performers.

Solution on Page 39

A.	Stand By Me	K.	What Becomes of The Brokenhearted
B.	Wild Thing	L.	What A Difference a Day
C.	It's Alright	M.	Don't Worry, Be Happy
D.	Gee Whiz	N.	Baby, Come to Me
E.	It's Your Thing	O.	Save The Last Dance for Me
F.	My Foolish Heart	P.	Dancing in The Street
G.	I'll Take You There	Q.	I Will Survive
H.	Blueberry Hill	R.	Killing Me Softly with His Song
I.	Theme from Shaft	S.	How Glad I Am
J.	Lookin' for a Love		

1. Ben E. King
2. Billy Eckstine
3. Bobby McFerrin
4. Bobby Womack
5. Carla Thomas
6. Dinah Washington
7. Drifters
8. Fats Domino
9. Gloria Gaynor
10. Impressions
11. Isaac Hayes
12. The Isley Brothers
13. Jimmy Ruffin
14. Martha & The Vandellas
15. Nancy Wilson
16. Patti Austin & James Ingram
17. Roberta Flack
18. Staple Singers
19. Tone' Loc

LET'S GET DOWN AND GIOUBA

A method of cultural expression is through music and dance. African music is spiritual. It consists of traditional songs of joy, birth, and praise in addition to traditional songs of sorrow. Africans would apply intricate rhythmic heel and toe footwork to drumbeats, called the giouba (pronounced ju-ba). A variation of the giouba was later incorporated into the Charleston as well as many other popular dances. Hidden in this diagram are names of various dances. P-A-R-T-Y!!!

Solution on Page 35

Boogaloo	Dog	Funky Chicken	Monkey
Bump	Duck	Funky Worm	Jerk
Bus Stop	Electric Slide	Huckabuck	Jitterbug
Cabbage Patch	Fencewalk	Hustle	Peck
Charleston	Freak	Mash Potatoes	Penguin
Dip	Funky Broadway	Moonwalk	Pony

```
B D C G K L A W E C N E F R O L Q R E D R P L K D
G U S M O N K E Y H K U L O P P Y J L G M O T L M
Y G M K T Z H R W F N G L H T E S I E S C R C Q X
K C S P D N J E R K X A X E Q C K T C V B F D K S
L Y Z M K F C K Y M G P N T I K N T T S N U C K H
A F K O S Q M B I O L I N N G M W E R M H N B T I
W R S T O N R Y O N H D G K R S S R I U C K O W N
N E G S T O N B N C H P A C K E N B C R T Y K I G
O A K N A N D G A K L G W O O L A U S F A W N S A
O K D D K N G M K I T H G T U S K G L G P O E T L
M A W E R M G Y N Q Y N A B R H E M I L E R K S I
M A N T L N U G O T C T N J K A D K D G G M C O N
Y W P E I K G T O S O M V C F K D G E M A L I W G
Q X C H J L G B U P G N K G M E P O N Y B G H H S
P T S U G M O K H R P C P O P C O R N R B T C I W
S A B S T R G S H B D O G M T B G C S P A D Y P V
W G L T D B A V T I G H T E N U P J D X C F K I W
W Z L L J M G B U S S T O P Q P W N P O P P N F H
D I P E P E N Q U I N N C H A R L E S T O N U M I
S L O P D U C K S D P G L H U C K A B U C K F V P
```

Pop	Smurf
Popcorn	Snake
Robot	Stomp
Rock	Tighten Up
Shake	Twist
Shing-A-Ling	Washing Machine
Slop	Whip

KUFIKA

BLAST FROM THE PAST, PART FOUR

The performers listed in this section arrived with incredible and sensational music consisting of country, rhythm & blues, jazz, funk, soul, pop, rap and hip-hop. Match the titles of the songs to the performers.

Solution on Page 40

A.	Haven't You Heard	K.	You Know How to Love Me
B.	Rapper's Delight	L.	Shame
C.	So Good, So Right	M.	Dukey Stick
D.	Boogie Oogie Oogie	N.	Theme from The Black Hole
E.	Peanut Butter	O.	I Wanna Be Your Lover
F.	Runaway Love	P.	Second Time Around
G.	Reunited	Q.	I Call Your Name
H.	Knee Deep	R.	I Am Your Woman, She Is Your Wife
I.	Grooveline	S.	Watching You
J.	Stranger		

1. Barbara Mason
2. Brenda Russell
3. Evelyn 'Champagne' King
4. Funkadelic
5. George Duke
6. Heatwave
7. Lenny White
8. Linda Clifford
9. LTD
10. Parliament
11. Patrice Rushen
12. Peaches & Herb
13. Phyllis Hyman
14. Prince
15. Shalamar
16. Slave
17. Switch
18. Sugarhill Gang
19. Taste of Honey

KUFIKA

'OF AFRICA'

Africa's continent is divided into many regions, countries, states, and provinces. Hidden in this diagram are places in Africa. How many can you find?

Solution on Page 35

"A people without the knowledge of their past history, origin and culture is like a tree without roots." – Marcus Garvey

Algeria	Gabon	Liberia	Mozambique
Angola	Ghana	Libya	Namibia
Cameroon	Guinea	Malawi	Niger
Egypt	Ivory Coast	Mali	Nigeria
Ethiopia	Kenya	Mauritania	Republic of Congo

```
S Z I M B A B W E D F G F T O G O C V X B N A D U S
D F W S G T B V H Y N J M K L M K L H X T D M X D O
U H S R T B T J S O M A L I A S R J K L A Y T K P U
G W E Z P K M L H Y N J M K K G F K D F N D S R T T
A V N R E P U B L I C O F C O N G O V Z V A D G H
N H E R E X H F R N X C H E Z H R X T G A H O J X A
D M G W G J W J Z H W A G T M A L I H W N Q C H W F
A W A J I R H X A D F I X Y J X K L X J I H Y J X R
X V L X N Q Z R M H Q B P J H R W A N D A X R H J I
J H W V Q V D T B V J I C V J V K P C X V Q O W V C
H M A L A W I H I R Q M O Z A M B I Q U E H V R H A
V J V W X Q V J A V R A V M X V X V X C V W I X V R
X H S D H F M V R H R N H R H K E N Y A H R Q H J A
M A U R I T A N I A W V C P V Q J C V P C A Y B I L
V H J V C X C W R T H L I B E R I A X S D D F G G O
A L G E R I A H R H V C F G V G T V Q V H W V J V G
H R V G U I N E A V G H A N A H R G A B O N Q W C N
N I G E R I A R J H W V H V X R H V C Q V H J X V A
V H J V H J V H X V C A M E R O O N V H E G Y P T V
R E P U B L I C O F Z A I R E V E T H I O P I A R V
```

Republic of Zaire	Sudan	Zimbabwe
Rwanda	Tanzania	
Senegal	Togo	
Somalia	Uganda	
South Africa	Zambia	

KUFIKA

GET IT TOGETHER

The most popular hairstyles worn by Blacks were Afros, Jheri curls and various braids. Hairstyles were created to give Blacks a unique and attractive appearance. Hidden in this diagram are words relating to hairstyles.

Solution on Page 36

Afro	Finger Waves	S-Curl
Afro Puffs	Flattop	Twists
Braids	French Roll	Upsweep
Conked	High Top	Weave
Cornrows	Jheri	Wigs
Curled	Locks	Woven
Dutch Bob	Pageboy	
Fades	Ponytail	

```
F G J W R W T G S W O R N R O C B C F
D F H P L K E M J N H Y B G S Z V R X
U X E C H D G A V D E L R U C V E X Y
T P R K I K L M V R T G F S B N D C F
C V I M G F T S M E C V X Z C R F V I
H Q G T H J S D F G S D G H D F P B N
B C A B T M W I G S Y U R G B O D F G
O P F G O N R T B P K O P Z N S A G E
B E R T P H A G X G L X N Y B K S X R
Q E O F S M P B P L K V T K P X E P W
A W P V Y J S D S P Z A J X B G D X A
Z S U C H K S B X G I P G Z V N A K V
E P F D A F R O B L B K N B Z X F B E
D U F S X L P L S R J D C N V B F S S
Z S S C U R L S M L P H E V B T G T S
X S D C V T B G L O P V L K M J N S K
F L A T T O P F V B O C X G N Q W I C
J K N S D G B H J W C V D F G O N W O
R Y O B E G A P W E B R A I D S C T L
```

AFRICA SPEAKS

Throughout Africa's continent there are many variations of the spoken language. In this diagram, fill in the languages into the appropriate grid box. **'KIMBUNDU'** has been filled in to start the diagram.

Solution on Page 35

<u>3</u>	<u>4</u>	<u>5</u>	<u>6</u>	<u>7</u>	<u>8</u>
Edo	Anyi	Banda	Asante	Adamawa	Kimbundu
Ewe	Bulu	Baule	Bariba	Luganda	
Ful	Fang	Bemba	Fulani	Ngbandi	
Kwa	Fula	Fante	Mumuye	Swahili	
Twi	Lgbo	Gurma	Nyania	Umbundu	
	Waja	Kongo	Rwanda		
		Makua	Sukuma		
		Rundi	Tswana		
		Shona	Yoruba		
		Temne			
		Xhosa			

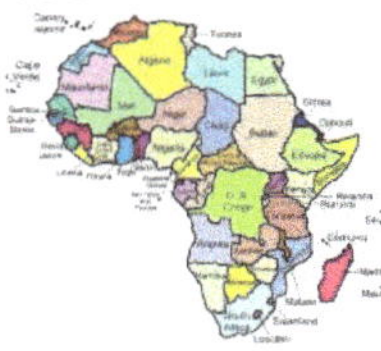

KUFIKA

20

BLACK ACTORS AND ACTRESSES 2

The actors and actresses listed in this section are recognized and remembered as highly acclaimed performers. In this section search for their last names.

Solution on Page 37

```
C V X D A V I S Z S X D C F V T B E S T G H J
F I N J Z N X F K C N Q X J N C V F J Y N F D
Z S X M U S E V Y S T R O D E Z T X C S C X R
R A C V K Z X C T J D X V J C K J Z Q O J Z O
J N N J C A N T Y X M F M B E A R D T N F X F
J F V K T N F D Y Q C Z F X Y N Q V X K Z V N
V O Z R X D J M Z J D P X T T E S S O G C J A
T R D E A E X O Y F A Z Q P C Z Y X T K F N S
N D Y K M R V R X C N Y F J W I L S O N F M J
Z J X C N S Z E K N I Z C T P Z Q Y N K V X N
K F T U J O F L C F E K V N O S N I B O R J F
C X V T M N F A Y Q L X C Z J X C F K C V Z X
P L K R T G H N J X F G W A S H I N G T O N G
F G B M N K J D A N D R I D G E Q D F J K P F
W I L L I A M S L K H N F G C H I L D R E S S
```

1. Anderson, Eddie 'Rochester' — Born in 1906
2. Beard, Jr., Matt 'Stymie' — Born in 1925
3. Best, Willie — Born in 1915
4. Canty, Marietta — Born in 1906
5. Childress, Alvin — Born in 1908
6. Dandridge, Ruby — Born in 1904
7. Davis, Ossie — Born in 1917
8. Gossett Jr, Louis — Born in 1936
9. McDaniel, Hattie — Born in 1895
10. Moreland, Mantan — Born in 1901
11. Muse, Clarence — Born in 1889
12. Robinson, Bill 'Bojangles' — Born in 1878
13. Sanford, Isabel — Born in 1917
14. Sanford, John 'Redd Foxx' — Born in 1922
15. Strode, Woody — Born in 1914
16. Tucker, Lorenzo — Born in 1907
17. Tyson, Cicely — Born in 1938
18. Washington, Fredi — Born in 1903
19. Williams, Spencer — Born in 1893
20. Wilson, Dooley — Born in 1894

BLAST FROM THE PAST, PART FIVE

The performers listed in this section arrived with incredible and sensational music consisting of country, rhythm & blues, jazz, funk, soul, pop, rap and hip-hop. Match the titles of the songs to the performers.

Solution on Page 37

A.	Freedom	K.	Just A Touch of Love
B.	Ain't No Stoppin' Us Now	L.	Take Your Time (Do It Right)
C.	Can You Handle It	M.	Adventures of Super Rhyme (Rap)
D.	Bounce, Rock, Skate, Roll		
E.	Showdown	N.	Harvest for The World
F.	Move Your Boogie Body	O.	In One Love and Out the Other
G.	Kiss and Say Goodbye	P.	Boogie Down
H.	Skintight	Q.	Sparkle
I.	Bertha Butt Boogie	R.	In the Bottle
J.	Have You Seen Her	S.	Love on A Two-Way Street

1. Bar-Kays _____
2. Cameo _____
3. Chi-Lites _____
4. Eddie Kendrick _____
5. Furious Five Meets The Sugarhill Gang _____
6. Gil Scott-Heron _____
7. Grandmaster Flash & The Furious Five _____
8. Isley Brothers _____
9. Jimmy Castor Bunch _____
10. Jimmy Spicer _____
11. Larry Graham _____
12. Manhattans (The) _____
13. McFadden And Whitehead _____
14. Moments (The) _____
15. Ohio Players _____
16. S.O.S. Band _____
17. Slave _____
18. Sylvers (The) _____
19. Vaughn Mason And Crew _____

KUFIKA

FILMS TAKE ONE!

Column A contains a list of actors and actresses. Column B contains a list of films dating back to the 1930's. In this section, match the actors and actresses (Column A) to the films they have appeared in (Column B.)

Solution on Page 39

	COLUMN A		COLUMN B
1.	Bernie Casey & Ron O'Neal	___A.	Come Back Charleston Blue (1972)
2.	Bill Cosby & Sidney Poitier	___B.	Scream Blacula, Scream (1973)
3.	Calvin Lockhart	___C.	Coffy (1973)
4.	Corin Rogers	___D.	Trouble Man (1972)
5.	Frederick O'Neal	___E.	Mandingo (1975)
6.	Gladys Knight	___F.	Bucktown (1975)
7.	Gloria Edwards	___G.	Sugar Hill (1974)
8.	Godfrey Cambridge	___H.	Halls of Anger (1970)
9.	Ja'net Dubois	___I.	Black Girl (1972)
10.	Janet MacLachlan & Raymond St. Jacques	___J.	Let's Do It Again (1975)
11.	Jim Kelly	___K.	Five on The Black Hand Side (1973)
12.	Ken Norton	___L.	Super Fly (1970)
13.	Louis Gossett, Jr.	___M.	A Change of Mind (1969)
14.	Louise Beavers	___N.	A Piece of The Action (1977)
15.	Lynne Moody	___O.	Cornbread, Earl, and Me (1975)
16.	Moses Gunn	___P.	Pinky (1934)
17.	Pam Grier	___Q.	Stir Crazy (1980)
18.	Paul Winfield	___R.	Conrack (1974)
19.	Richard Pryor	___S.	Cooley High (1975)
20.	Robert Hooks & Paul Kelly	___T.	The Skin Game (1971)
21.	Ruby Dee & Lorette Green	___U	Thomasina & Bushrod (1974)
22.	Sheila Frazier	___V.	Pipe Dreams (1976)
23.	Thalmus Rasulala & Carl Weathers	___W.	Brothers (1977)
24.	Tracy Reed & Sheryl Lee Ralph	___X.	Which Way Is Up? (1977)
25.	Vonetta McGee & Max Julien	___Y.	Take A Hard Ride (1975)
26.	Zara Cully	___Z.	Imitation of Life (1934)

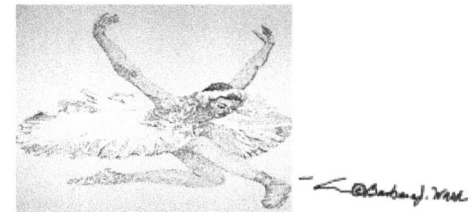

(The actors and actresses in this diagram may have appeared in more than one film. Match your response to Kufika's selection.)

PEOPLE, PLACES AND EVENTS

It is essential to learn about people, places, and events that affect People of Color. Make this world a better place for all – respect one another. Spread the peace – seek the truth. Search for the names and words underlined below. *"Our unity is our strength, and our diversity is our power."* – Vice President Kamala Harris

Solution on Page 40

```
M I L L I O N M A N M A R C H A L A B A M A X W B R O Y I A
C M A L C O L M X P E O P E S N A N A L O C K O U I M J A N
P O L I C E B R U T A L I T Y C H A R E L T M U F O G O N G
K I D N E W Y O R K W O R Z D I V I A N C I Q N F T O Y I E
A B L A C K I N V E N T O R S E A S C E O V I D A S B A I L
K L C A N O M I N D E M O C R N A T K E S I D E L E M N B O
A A I M A D I S C R I M I N A T I O N M U S K D O M L N A U
R C V S I J U S N E G R O L E A G U E S Y T I K O N E R D Y
A K I A L T I J O R D A N M E F S L L I K S N N R O S E R I
B H L L E R E A D E Q U A L R I G H T S O D E T R O I T N
L I R E A N L E I B L A C K P I O N E E R S L E U L C D R O
U S C M S U S T U D Y I B O Y C O T T S L I E M S E I E O T
A T I P R H T R A I L O F T E A R S U M E T S A K I A C T G
E O V O E T A N N E W A S H I N G T O N A I M S E S L I T N
R R I O M E M P H I S E Q U S C H O O L R N S S G R J U E I
U Y L R R B V O M I S S I S S I P P I G N M T A E E U J R H
B T R J A M S C H A N E Y A M V O T I N G O H C E D S U M S
S Y I A F E N I A G A R A E M I N C S A Y V G R A I T N Y A
N R G C D E M O C R A T E A M L M E O A P E I E I R I E T W
E E H P E T E R S A L E M S O I L E U C O M R D R M C T I N
M D T E R N U M N B E K W A N Z A A L P I E N U M O E E L O
D T S A O T C H I C A G O L E A S T E R S N A C E D T E A H
E A R C L N A Y B E E D U C A T I O N I O T M A N E E N U C
E I S E O U L E C O M O N I C I S S U E S S U M Y E A T Q R
R L B S C A L L A N D R E S P O N S E A Y A H T O R C H E A
F S L A C K S H A R L E M R E N A I S S A N C E U F H Y C M
```

1. Activists
2. Alabama
3. Ancient African Civilization
4. Angelou, Maya
5. Barack, Obama
6. Baraka, Amiri
7. Bethune, Mary McLeod
8. Black History
9. Black Inventors
10. Black Pioneers
11. Boycotts
12. Buffalo Soldiers
13. Call and Response Singing
14. Chaney, James
15. Chicago
16. Civil Rights Era
17. Colored Farmer's Alliance
18. Detroit
19. Discrimination
20. Economic Issues
21. Education
22. Equal Rights
23. Equality
24. Freedmen's Bureau
25. Freedom Riders
26. Harlem Renaissance
27. Human Rights
28. Jordan, Barbara
29. Juneteenth
30. Kwanzaa
31. Malcolm X
32. March on Washington
33. Memphis
34. Million Man March
35. Mississippi
36. NAACP
37. Negro Leagues
38. New York
39. Niagara Movement
40. Police Brutality
41. Poor, Salem
42. Red Tails
43. Reid, Joy-Ann
44. Riots
45. Salem, Peter
46. School Busing
47. Sit-in Movements
48. Social Justice
49. Trail of Tears
50. Trotter, William Monroe
51. Tuskegee Airmen
52. Voting Rights
53. Washington, Harold
54. Wounded Knee Massacre
55. Wilkins, Roy

KUFIKA

MEMORIES

Turn back the hands of time and enter into an era of sensational soul music. The artists below have touched the lives of many people who were listeners and partygoers during this period. Many of today's artists are influenced by and replicate the styles of the past.

Solution on Page 41

```
T H E T E M P R E E S K T I M E X M C F A Y G R E N I H G I H
F R E E N D O M D D K O S C I N O F L E D E H T P O P M A N E
G O O D V M O V V O Y A I M A Z E C A N S N P T S S U R P M I
U M K J O I H O N E Y C O N E O L I N D A J O N E S C E C I L
Y A C K G O S H A L A M A R Y J A N E B M T U M E B L I G E M
J O H N U T Y R O S E R O Y C E H G T E L E V O N M A S O N T
R C A M E O W I L L R O X B U R S N O I T O M E E H T H I S H
E N A E V E R B L O O D S T O N E B O N N I E Q W A R D O O E
J I M M Y B R O S C O E A N D T H E L I T T L E B E A V E R S
E M L N N L T O W A N A M A L A L E S T E R S Z I A L M A L O
N P O U O A P A S L A V E O N V M A L C O M L X R N X A J A S
K R V H T C B A R N H I L L E A A D R I A N Y T T A X E O V B
S E E S H K A P A R R I S P Y R U F U S B A V E H L A G E E A
O S M K R I S T A N L E Y R Y E G R A C E X E C P I M O T R N
N S E N C V L E N A J U S T I S K Y L A R K R A R E Y A E N D
M I Y U A O A W H I T E H E A D S P I R I T S E U L L S X E E
A O O F R R X T H E T H R E E D E G R E E S M P E A K I D X D
R N U N O Y R E A D D N A B P A G E H T Z B N L I S T C H I C
K S M O R Z X C H E R Y L L Y N N A N N D A Z Z B A N D Y A K
M W Q C Z K I B R O T H E R S J O H N S O N E D G E C O M E B
```

1. Black Ivory
2. Bloodstone
3. Brothers Johnson
4. Cameo
5. Cheryl Lynn
6. Chic
7. Con Funk Shun
8. Dazz Band
9. En Vogue
10. Guy
11. High Inergy
12. Honey Cone
13. Impressions
14. Jimmy Broscoe and the Little Beavers
15. Joe Tex
16. Klymaxx
17. Linda Jones
18. New Birth
19. Parris
20. Rose Royce
21. Rufus
22. Skylark
23. Skyy
24. Slave
25. Tavares
26. The Delfonics
27. The Emotions
28. The Gap Band
29. The S.O.S. Band
30. The Three Degrees
31. The Temprees

COMPELLING GOSPEL GREATS

Hidden in this diagram is a list of compelling gospel performers. You might want to scream, shout, and jump for joy. Let go, feel the magnificent spiritual and enlightening power of gospel music. Hallelujah! Glory! Amen!

Solution on Page 41

```
T R E S O U N D S O F B L A C K N E S S
H A R O L E R E K L A W H A I K E Z E H
E M T R A M A I N E H A W K I N S J Z I
R U J A Z Z Y J A Y Z E S E R A M A B R
A L B E R T I N A W A L K E R E N M L L
N E X Y E L O C L Y R A D N A Y S E U E
C L E O P H U S R O B I N S O N U S E Y
E E D G E C O M B E P I T T Y Q N C S C
A N D R A E C R O U C H A I R M S L M A
L B C I S S Y H O U S T O N S A H E A E
L G O S P L E P E A C E F U L R I V D S
E D W I N H A W K I N S L O E V N E A A
N P I O N E E R S B L A C K N I E L A R
G B C O M M I S S I O N E D M N U A D E
R D I G N I T Y P R I D E U S S O N N A
O L E T A A D A M S N A T I V A E D A F
U B F R E D H A M M O N D M E P L W L R
P E O P L E S L A N D T E A M P C S O I
D O N N I E M C C L U R K I N P I E Y C
T M J E N N I F E R H O L L I D A Y Q A
U N I T Y S R E T S I S K R A L C E H T
M A R T I N M A L C O L M X K I N G S H
```

1. Albertina Walker	11. James Cleveland
2. Andrae Crouch	12. Jennifer Holliday
3. Cissy Houston	13. Marvin Sapp
4. Cleophus Robinson	14. Oleta Adams
5. Commissioned	15. Shirley Caesar
6. Daryl Coley	16. Sounds of Blackness
7. Donnie McClurkin	17. The Clark Sisters
8. Edwin Hawkins	18. The Rance Allen Group
9. Fred Hammond	19. Tramaine Hawkins
10. Hezekiah Walker	20. Yolanda Adams

BLACK PIONEERS

Black people have a rich history of prominent and sophisticated individuals who were determined to achieve equality of our lives and improve social economic conditions. There are many interesting articles in circulation today relating to the tremendous accomplishments Black people contributed to the establishment of America. Besides the struggle for human and civil rights, Black people acquired successful careers as explorers, inventors, doctors, scientists, and other professions. In this section search for the last names of these individuals.

Solution on Page 41

- Anderson, Marian
- Attucks, Crispus
- Augusta, Alexander T.
- Banneker, Benjamin
- Baumfree, Isabella (Sojourner Truth)
- Bethune, Mary Jane McLeod
- Brown, Clara
- Bunche, Ralph J. (Dr.)
- Carmichael, Stokely
- Coleman, Bessie
- Cuffee, Paul
- Dett, Robert Nathaniel
- Diggs, Charles
- Drew, Charles (Dr.)
- Duncanson, Robert
- Fields, Mary
- Gannet, Deborah Sampson
- Garnet, Henry Highland
- Garvey, Marcus
- Green, Nancy
- Hall, Prince
- Henson, Matthew Alexander
- Hughes, Langston
- Johnson, James Weldon
- Jones, Matilda Sissieretta Joyner
- Mahoney, Mary Eliza
- Mason, Bridget 'Biddy'
- McCoy, Elijah
- Randolph, A. Philip
- Robinson, Luther (Bill Bojangles)
- Stewart, Maria W.
- Terrell, Mary Church
- Turner, Nat
- Walker, David
- Williams, Daniel Hale (Dr.)
- Woodson, Carter G. (Dr.)

```
A V R A N D O L P H C B E T H U N E B
N E R N A U G U S T A C T E W C M U A
D E T T D R E W J O G C O R B H A G U
E Y E V R A G J O H A O F R R A H R M
R S O U T H S U H U N L I E O R O E F
S T E W A R T D N G N E E L W L N E R
O M J O N E S G S H E M L L N I E N E
N D O W N E Y E O E T A D H X E Y R E
S W O O D S O N N S R N S I N S C Y Z
L I T T L E S U T H R U E L O B U O A
R O B I N S O N U E E S W L S U F C T
B A R N H I L L R N K M A T N N F C T
W A R D B O Y D N S E A L E A C E M U
A H A L L E D N E O N S K N C H E P C
L E S T E R W D R N N O E R N E M O K
W I L L I A M S O M A N R A U C H E S
C A R M I C H A E L B E A G D I G G S
```

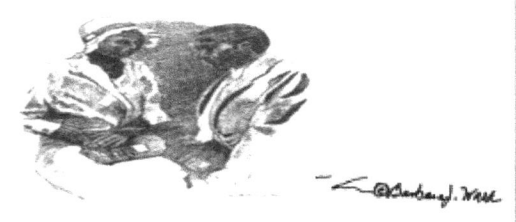

"MY ANCESTORS WERE DRUMMERS"

by LyndonLynks

Pa ta go da Pa ja Gun Dun
Boom. Boom. Boom. Boom.
Keep our land sacred,
      keep our ancestor's souls alive.
 Pray, dance, sing and rejoice
      our past, present, and future with grace.
        Body moves, twist, turn, hands clap.
Feet jump and stomp to the rhythm of the drums.

Pa ta go da Pa ja Gun Dun
Boom. Boom. Boom. Boom.
My people ran.
    My people screamed.
    My people hid, my people escaped.
    My people did not know their doomed fate.

Pa ta go da Pa ja Gun Dun
Boom. Boom. Boom. Boom.
Whites faces everywhere
    rifles, ropes, chains, and lies.
Captured without ever saying goodbye.
   Tears rolled down our tar dark faces.
Gazed back at the land of our ancestors, spirits whirled to warn others - danger lurked nearby.
    Grief, pain, anger, and despair filled our unfortunate souls.

Pa ta go da Pa ja Gun Dun
Boom. Boom. Boom. Boom.
Bound to cold hard metal.
    Nothing to eat, nothing to yield.
    Darkness and hopelessness.
    Feel our pain as we weep.
    Bleached man, how would you feel if this were you?
Sailed for months in the dark, cold sea.
"Kalunga! Njinyi! Mumgu! Chuku! Mawu! Meketa! Nyame! God!"
    God where are you now? Do you not hear our cry, do you not hear our plea?

"MY ANCESTORS WERE DRUMMERS" (continued)

Pa ta go da Pa ja Gun Dun
Boom. Boom. Boom. Boom.
Many of my people did not survive the long journeys end.
Many jumped off, they saw their glory
    Others too weak to continue, with that they let go.

Put up for sale, enslavement, bondage.
Aren't we human not cattle or chattel?
    Splitting up my family. Shocked. Outraged. Social injustice.
How could this be anyone's normal perception?

Pa ta go da Pa ja Gun Dun
Boom. Boom. Boom. Boom.
Have you no mercy? Have you no soul?
This cannot be real, this a treacherous ordeal!
But this is the New World -The Americas. Americus, we heard them say.
Can we just be free from grief, pain, and misery?
My people wore deep scars, horrid and blue.
    Who could commit this unfathomable crime? – Bleached-blond-boned man.
 Toubabou. Mzungu. Devil. Shetani should serve long hard time.

Pa ta go da Pa ja Gun Dun
Boom. Boom. Boom. Boom.
Miss the forgotten land from whence we came.
    White man will never know our heartache and pain.
Worked our fingers to the bone,
 forced to work against our will from sunup 'til sundown, without equality, without fair pay.
Exhausted from hard labor, restricted from freedom.
    Americus. Amerikkka. I would trade you for Afruika, Afrika!
    Land where our roots planted so strong.
Gold, silver, diamonds and all its riches, robust people, proud and tall.
    Europeans came in and stole it all.

Pa ta go da Pa ja Gun Dun
Boom. Boom. Boom. Boom.
"Is we finally free or is we not"?
Traveled through secret routes, safe houses abroad.
    Ten to twenty miles we went each night.
    Northbound to free states unto - 'The Promised Land'.
Skeptical of the new surroundings, worked hard to survive.
    Got what we needed, kept a low profile.

"MY ANCESTORS WERE DRUMMERS" (continued)

Pa ta go da Pa ja Gun Dun
Boom. Boom. Boom. Boom.
Four hundred years bound by the devil's law.
Emancipation 1863, all people held as slaves, were finally set free.
    Free at Last! Free at Last! Thank God Almighty we accomplished that plight.
Made better life for ourselves, any old way.
    Everything my people built, Toubabou, Mzungu, Shetani tore it down.
    We learned to press on – with worry but without a sound.

Pa ta go da Pa ja Gun Dun
Boom. Boom. Boom. Boom.
Faster and faster my ancestor's drums beat.
Pa ta go da Pa ja Gun Dun
    Hold on steady, feel my mite, feel my soul.
Intelligent and brave - Liberations. Protests. Equality.
 Human Rights. Equal Rights. Civil Rights. Social Justice. Black Panthers unite!
Defeat the devil, Shetani. Rise above all adversities.
    Let our voices be heard. We Shall Overcome, until it is done.

Pa ta go da Pa ja Gun Dun
Boom. Boom. Boom. Boom.
My ancestors were drummers.
    The drums beat within my soul.
Pa ta go da Pa ja Gun Dun
Feel their spirits – so soft yet so strong.
    It flows through every vein – their blood, power, knowledge, wisdom, strength, and bond.
    Never lose sight, never lose control.

Pa ta go da Pa ja Gun Dun
Boom. Boom. Boom. Boom.
Pa ta go da Pa ja Gun Dun
Boom. Boom. Boom. Boom
Pa ta go da Pa ja Gun Dun
Boom. Boom. Boom. Boom.

Yes, my ancestors were drummers!

ENGLISH / SWAHILI WORDS

English	Swahili
Absolutely	Kabisa
Address	Anwani
Alcohol	Spiriti
Ask	Uliza
Bathroom	Bafuni
Beautiful	Nzuri
Book	Kitabu
Boy	Mvulana
Brother	Kaka
Bus	Basi
Cake	Keki
Call	Mwito
Chicken	Kaku
Child	Mtoto
Children	Watoto
Clean	Safi
Congratulations	Hongera
Danger	Hatari
Down	Chini
Excellent	Bora sana
Excuse me	Samahani
Fine	Nzuri
Food	Chakula
Friend	Rafika/Rafiki
Girl	Msichana
Good morning	Habari za asubuhi
Goodbye	Kwa heri/ kwa herini
Goodnight	Usiku mwena
Happy Birthday	Heri ya kuzaliwa
Hello	Jambo/ hujambo/salama
How are you?	Habari yako
I do not understand	Sielewi
I love you	Nakupenda
Later	Baadae
Listen	Sikiliza
Love	Upendo
Man	Mwanaume
Money	Pesa
Nice to meet you	Nimefurahi kukotana nawe
No	Hapana
Our	Yetu
Parent	Mzazi
Peace and tranquility	Amani na utulivu
People	Watu
Pleasure	Furaha
Police	Polisi
Rest	Pumzika
Run	Kukimbia
See you later	Tutaonana baadaye
See	Tazama
Shoe	Kiatu
Sister	Dada
Sit down	Kaa chini
Son	Mwana
Soul music	Muziki wa roho
South	Kusini
Strong	Enye nguvu
Thank you	Asante
Tell	Ambia
Thief	Mwizi
Today	Leo
Tough	Mgumu
Try	Jaribu
Understand	Kuelewa
Unity	Umoja
We'll see each other tomorrow	Tutaonana kesho inshallah
What's up	Nini Juu

COMPELLING JAZZ GREATS - FACT SHEET

Adderley, Julian Edwin 'Cannonball' was born in 1928, Florida.
Allen, Henry 'Red' was born in 1908, New Orleans, Louisiana.
Armstrong, Louis 'Satchmo' was born in 1900, New Orleans, Louisiana.
Basie, William 'Count' was born in 1904, Red Bank, New Jersey.
Bechet, Sidney was born in 1887, New Orleans, Louisiana.
Brown, Marion was born in 1935, Georgia.
Coleman, Ornette was born in 1930, Texas.
Cox, Ida was born in 1889, Knoxville, Tennessee.
Davis, Miles Dewey was born in 1926, Chicago, Illinois.
Dodds, Warren 'Baby' was born in 1898, New Orleans, Louisiana.
Emmett, Berry was born in 1916, Georgia.
Jenkins, Leroy was born in 1932, Chicago, Illinois.
Johnson, William Geary 'Bunk' was born in 1879, New Orleans, Louisiana.
King, Riley B.B. 'Blues Boy' was born in 1925, Itta Bena, Mississippi.
McShann, Jay was born in 1907, Muskogee, Oklahoma.
Monk, Thelonious Sphere was born in 1917, Rocky Mount, North Carolina.
Nance, Raymond Willis was born in 1913, Chicago.
Nichols, Herbie was born in 1919, New York.
Parker, Charles was born in 1920, Kansas.
Rainey, Ma (Gertrude Malissa Nix Pridgett) was born in 1886, Columbus, Ohio.
Rivers, Sam was born in 1930, Oklahoma.
Rushing, James 'Jimmy' Andrew, was born in 1903, Oklahoma City, Oklahoma.
Smith, Bessie was born in 1894 or 1898, Chattanooga, Tennessee.
Stewart, Rex William was born in 1907, Philadelphia, Pennsylvania.
Stitt, Sonny was born in 1924, Boston, Massachusetts.
Tolliver, Charles was born in 1942, Florida.
Turner, Joseph 'Big Joe' was born in 1911, Kansas City, Kansas.
Vaughan, Sarah was born in 1924, raised in Newark, New Jersey.
Washington, Dinah (Ruth Jones) was born in 1924, Tuscaloosa, Alabama.
Waters, Ethel was born in 1900, Chester, Pennsylvania.
Waters, Muddy (McKinley Morganfield) was born in 1915, Rolling Fork, Mississippi.
Webb, William 'Chick' was born in 1907, Baltimore, Maryland.
Webster, Benjamin 'Ben' Francis was born in 1907, Kansas City, Missouri.
Wells, William 'Dicky' was born in 1909, Centerville, Tennessee.
Wilson, Theodore 'Teddy' was born in 1912, Austin, Texas.
Winn, Mary Lou (Mary Elfreida) was born in 1910, Austin, Texas.
Young, Lester Willis was born in 1909, Woodville, Missouri.

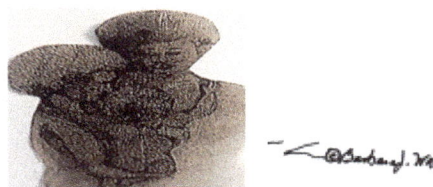

BLACK PIONEERS - FACT SHEET

A. Philip Randolph, Labor Leader, born in 1889, Crescent City, Florida.
Benjamin Banneker, Inventor, born on November 9, 1731, Baltimore, Maryland.
Bessie Coleman, Pilot, born on January 26, 1893, Atlanta, Texas.
Bridget 'Biddy' Mason, Advocate, born on August 15, 1818, Hancock County, Georgia.
Carter Woodson, Doctor/Scientist, born on December 19, 1875, New Canton, Virginia.
Charles Drew, Doctor/Scientist, born on June 3, 1904, Washington, District of Columbia.
Clara Brown, Pioneer, born in 1803, Gallatin, Tennessee.
Crispus Attucks, Soldier, born circa 1723, Framingham, Massachusetts.
David Walker, Abolitionist, born in 1785, Wilmington, North Carolina.
Elijah McCoy, Engineer, born in 1843, Ontario, Canada.
Henry Highland Garnet, Minister, born on December 23, 1815, Kent County, Maryland.
Isabella Baumfree (Sojourner Truth), Activist, born circa 1797, Hurley, Ulster County New York.
James Derham, 1st African American to formally practice medicine, born in 1762, Philadelphia, PA.
James Weldon Johnson, Writer, born on June 17, 1871, Jacksonville, Florida.
Langston Hughes, Writer, born on February 1, 1902, Joplin, Missouri.
Luther Robinson (Bill Bojangles), Actor/Dancer, born on May 25, 1878, Richmond, Virginia.
Marcus Garvey, Black Nationalist Leader, born in 1887, Saint Ann's Bay, Jamaica.
Maria W. Stewart, Public Speaker, born in 1803, Hartford, Connecticut.
Marian Anderson, Singer, born on February 27, 1903, South Philadelphia, Pennsylvania.
Mary Church Terrell, Activist, born in 1863, Memphis, Tennessee.
Mary Eliza Mahoney, Registered Nurse, born in 1845, Roxbury, Massachusetts.
Mary Fields, Mail Coach Driver, born on May 15, 1832, Tennessee.
Mary Jane McLeod Bethune, Politician, born in 1875, Mayesville, South Carolina.
Matilda Sissieretta Joyner Jones, Singer, born on January 5, 1869, Portsmouth, Virginia.
Matthew Alexander Henson, Explorer, born in 1866, Charles County, Maryland.
Nancy Green, Model, born in 1834, Montgomery County, Kentucky.
Nat Turner, Activist, born in 1800, Southampton County, Virginia.
Paul Cuffee, Activist, born in 1759, New Bedford, Massachusetts.
Prince Hall, Mason, born in 1735, Barbados.
Robert Duncanson, Painter, born in 1817, New York.
Robert Nathaniel Dett, Composer, born on October 11, 1882, Ontario, Canada.
Thomas L. Jennings, Inventor, tradesman, Abolitionist born in 1794, New York, New York.

ANSWERS

BLACKS IN FILMS
1. a. Bustin' Loose (1981)
2. a. Lena Horne's played Georgia Brown
b. Ethel Water's played Petunia
c. Eddie 'Rochester' Anderson played Little Joe Jackson
3. b. Dorothy Dandridge
4. c. Bernie Casey
5. a. Paul Robeson
6. b. Wendell Scott
7. c. Michael Warren
8. a. Grave Digger Jones played by Godfrey Cambridge
b. Coffin Ed Johnson played by Raymond St. Jacques
9. c. Diana Sands
10. a. Janet MacLachlan
11.   Irene Cara, Lonette McGee and Dawn Smith
12. c. Ron O'Neal
13. b. Sounder (1972)
14. a. Richard Roundtree
15. b. Tamara Dobson
16. c. Adam Clayton Powell, Jr.

ALL THAT JAZZ AND BLUES
1. c. The Lion
2. b. Mary Elfreida Winn
3. c. Pharaoh Sanders
4. c. William Osborne
5. a. Dinah Washington
6. c. McKinley Morganfield
7. a. Oran Thaddeus Page
8. c. Peter Chapman
9. b. Henry James Allen
10. a. Charlie Melvin Williams
11. b. Gertrude Malissa Pridgett
12. c. Bill Evans
13. c. Huddie Ledbetter
14. c. Sam Hopkins
15. a. William Geary Johnson
16. c. Albert J. Johnson
17. a. Harry Edison
18. a. David Roy Eldridge
19. a. Julian Edwin Adderley

KUFIKA

LET'S GET DOWN AND GIOUBA

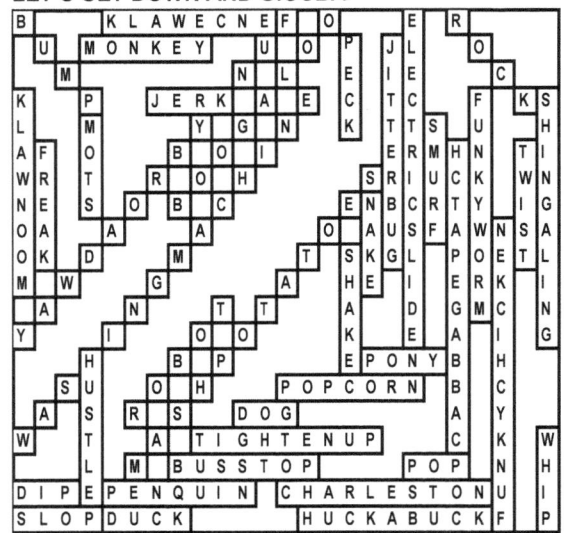

AFRICA SPEAKS

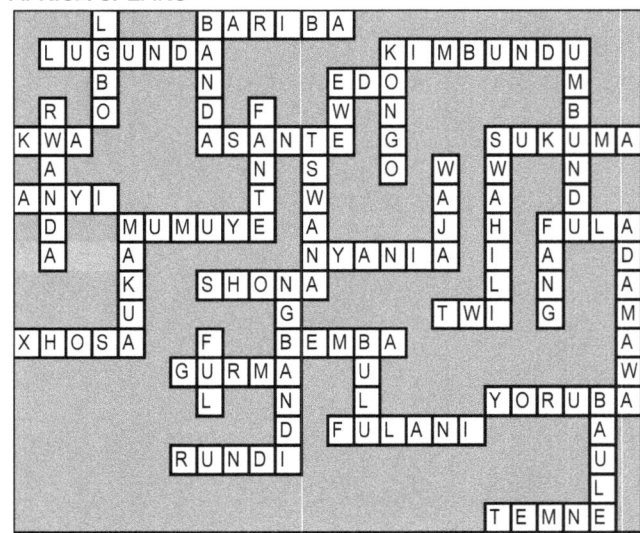

'OF AFRICA'

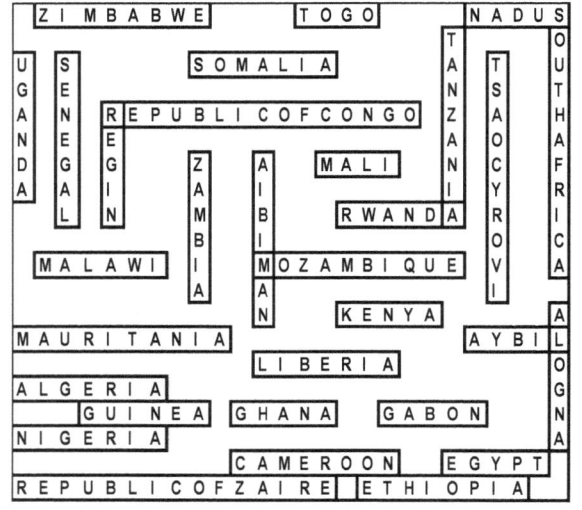

'SOUL FOR REAL – A SOUL FOOD EXPERIENCE'

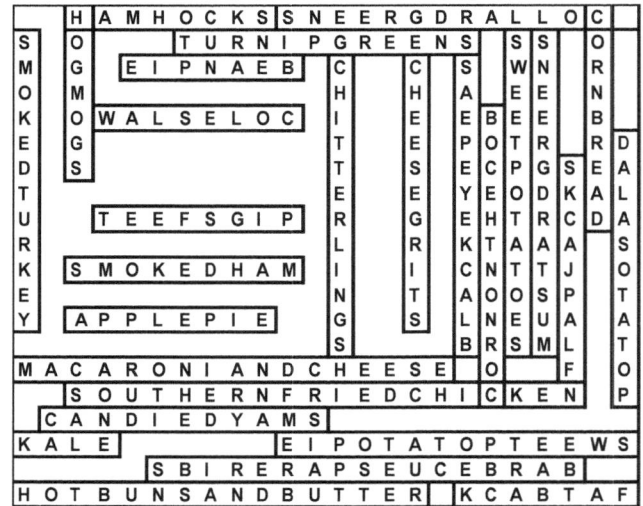

HARLEM RENAISSANCE – THE ARTISTS

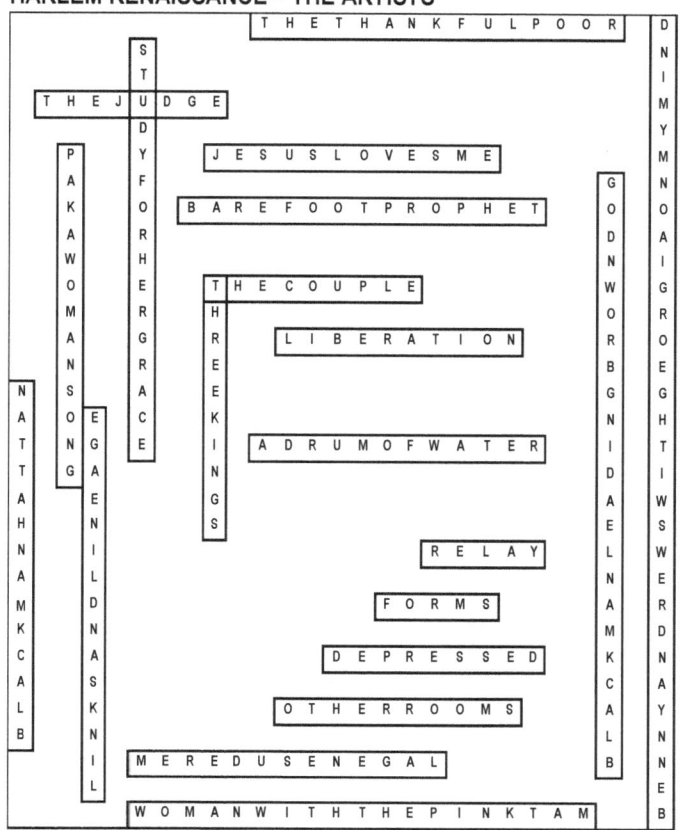

BLACKS IN SHOW BUSINESS

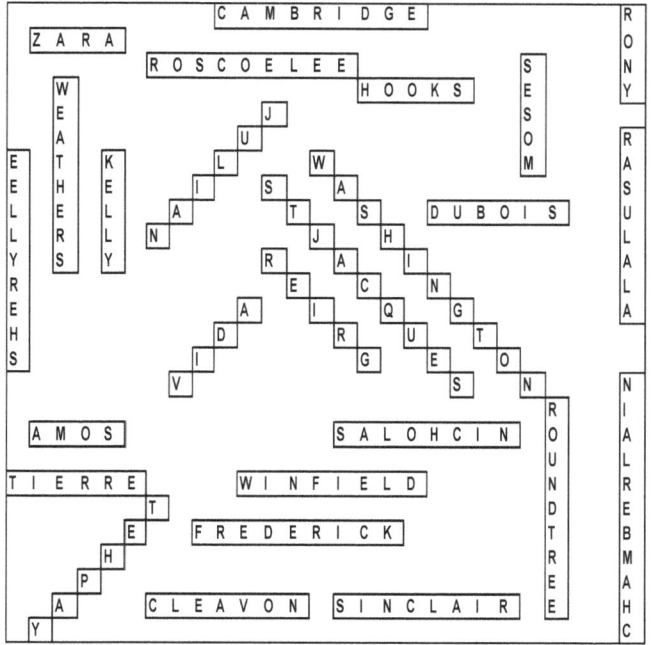

GET IT TOGETHER

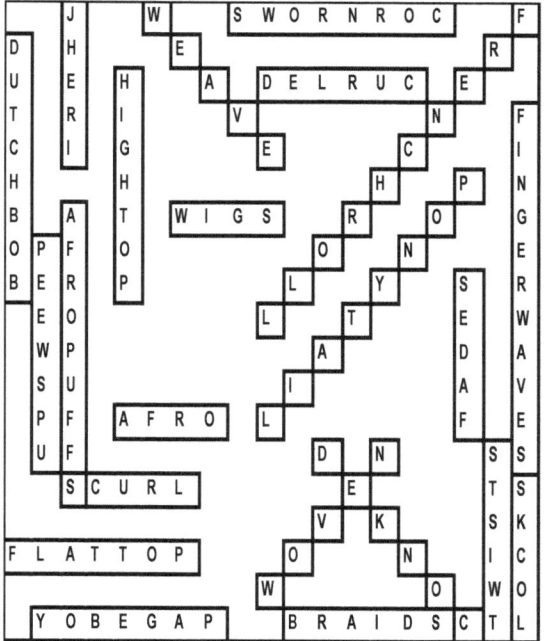

KUFIKA

BLACK ACTORS AND ACTRESSES 1

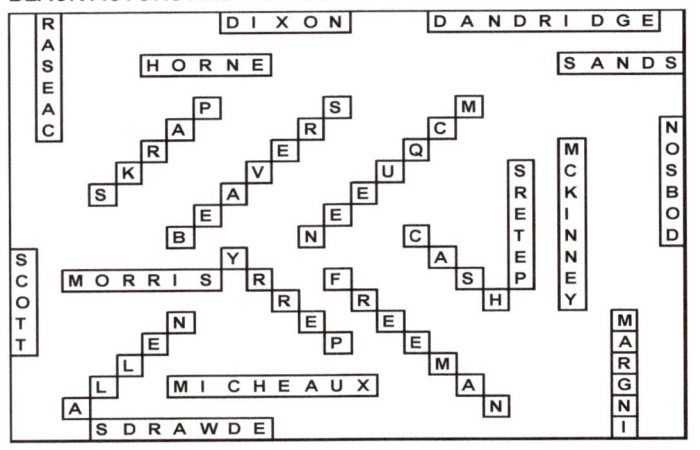

BLACK ACTORS AND ACTRESSES 2

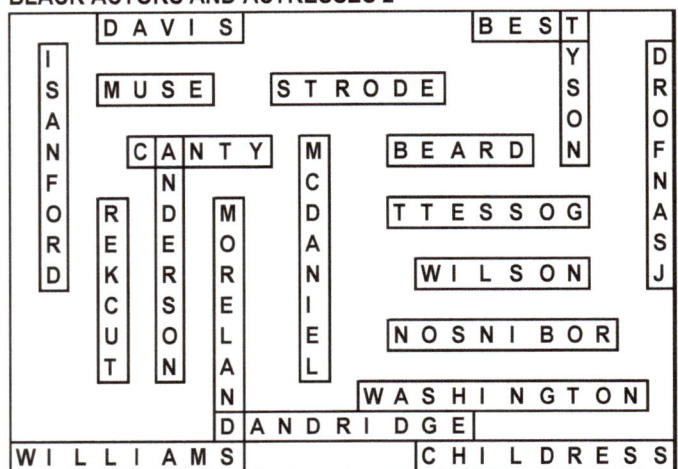
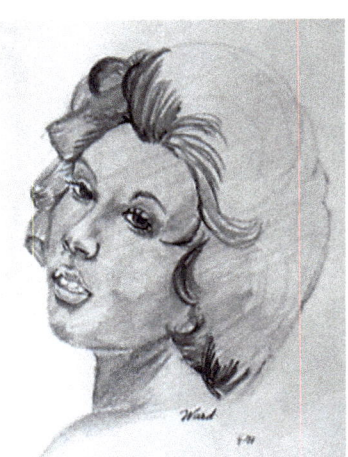

BLAST FROM THE PAST, PART FIVE

#	Artist		Song
1.	Bar-Kays	F.	Move Your Boogie Body
2.	Cameo	Q.	Sparkle
3.	Chi-Lites	J.	Have You Seen Her
4.	Eddie Kendrick	P.	Boogie Down
5.	Furious Five Meets The Sugarhill Gang	E.	Showdown
6.	Gil Scott-Heron	R.	In the Bottle
7.	Grandmaster Flash & The Furious Five	A.	Freedom
8.	Isley Brothers	N.	Harvest for The World
9.	Jimmy Castor Bunch	I.	Bertha Butt Boogie
10.	Jimmy Spicer	M.	Adventures of Super Rhyme (Rap)
11.	Larry Graham	C.	Can You Handle It
12.	Manhattans (The)	G.	Kiss and Say Goodbye
13.	McFadden And Whitehead	B.	Ain't No Stoppin' Us Now
14.	Moments (The)	S.	Love on A Two-Way Street
15.	Ohio Players	H.	Skintight
16.	S.O.S. Band	L.	Take Your Time (Do It Right)
17.	Slave	K.	Just A Touch of Love
18.	Sylvers (The)	O.	In One Love and Out the Other
19.	Vaughn Mason And Crew	D.	Bounce, Rock, Skate, Roll

BLAST FROM THE PAST, PART ONE

1. Aretha Franklin — F. Spanish Harlem
2. Billy Preston — H. Will It Go Round in Circles
3. Dionne Warwick — J. I'll Never Fall in Love Again
4. 5th Dimension — R. You Don't Have to Be a Star
5. Freda Payne — G. Band of Gold
6. George McCrae — K. Rock Your Baby
7. Grover Washington, Jr. — D. Just the Two of Us
8. Jackie Wilson — O. Night
9. James Brown — P. Papa's Got a Brand New Bag
10. Jay Black — B. This Magic Moment
11. Jean Knight — E. Mr. Big Stuff
12. Jerry 'Iceman' Butler — Q. For Your Precious Love
13. Minnie Rippleton — L. Loving You
14. Otis Redding — I. Sittin' on The Dock of The Bay
15. Ronnie Dyson — S. If You Let Me Make Love to You, then Why Can't I Touch You
16. Sam And Dave — A. Soul Man
17. Sammy Davis, Jr. — C. Candy Man
18. Sheila E. — N. The Glamorous Life
19. Stacey Lattisaw — M. Let Me Be Your Angel

BLAST FROM THE PAST, PART TWO

1. Ashford & Simpson — H. Solid
2. Bob Marley — E. I Shot the Sheriff
3. Charlie Pride — I. Kiss an Angel Good Morning
4. David Ruffin — D. Walk Away from Love
5. Jeffrey Osborne — G. You Should Be Mine
6. Jody Watley — O. Looking for a New Love
7. Johnnie Taylor — R. Disco Lady
8. Rockwell — C. Somebody's Watching Me
9. Little Anthony & The Imperials — B. Tear on My Pillow
10. Mills Brothers — S. Paper Doll
11. Natalie Cole — F. I've Got Love on My Mind
12. Percy Sledge — K. When a Man Loves A Woman
13. Sam Cooke — M. You Send Me
14. Sly & The Family Stone — N. Everyday People
15. Sylvia — P. Pillow Talk
16. Tyrone Davis — J. Turn Back the Hands of Time
17. Lisa Lisa & Cult Jam — L. Lost in Emotion
18. Wilson Pickett — Q. Land of a Thousand Dances
19. Van McCoy — A. Hustle

FILMS TAKE ONE!

#	COLUMN A	ANSWERS		COLUMN B
1.	Bernie Casey & Ron O'Neal	W	A.	Come Back Charleston Blue (1972)
2.	Bill Cosby & Sidney Poitier	J	B.	Scream Blacula, Scream (1973)
3.	Calvin Lockhart	H	C.	Coffy (1973)
4.	Corin Rogers	S	D.	Trouble Man (1972)
5.	Frederick O'Neal	P	E.	Mandingo (1975)
6.	Gladys Knight	V	F.	Bucktown (1975)
7.	Gloria Edwards	X	G.	Sugar Hill (1974)
8.	Godfrey Cambridge	A	H.	Halls of Anger (1970)
9.	Ja'net Dubois	K	I.	Black Girl (1972)
10.	Janet MacLachlan & Raymond St. Jacques	M	J.	Let's Do It Again (1975)
11.	Jim Kelly	Y	K.	Five on The Black Hand Side (1973)
12.	Ken Norton	E	L.	Super Fly (1970)
13.	Louis Gossett, Jr.	T	M.	A Change of Mind (1969)
14.	Louise Beavers	Z	N.	A Piece of The Action (1977)
15.	Lynne Moody	B	O.	Cornbread, Earl and Me (1975)
16.	Moses Gunn	O	P.	Pinky (1934)
17.	Pam Grier	C	Q.	Stir Crazy (1980)
18.	Paul Winfield	R	R.	Conrack (1974)
19.	Richard Pryor	Q	S.	Cooley High (1975)
20.	Robert Hooks & Paul Kelly	D	T.	The Skin Game (1971)
21.	Ruby Dee & Lorette Green	I	U.	Thomasina & Bushrod (1974)
22.	Sheila Frazier	L	V.	Pipe Dreams (1976)
23.	Thalmus Rasulala & Carl Weathers	F	W.	Brothers (1977)
24.	Tracy Reed & Sheryl Lee Ralph	N	X.	Which Way Is Up? (1977)
25.	Vonetta McGee & Max Julien	U	Y.	Take A Hard Ride (1975)
26.	Zara Cully	G	Z.	Imitation of Life (1934)

BLAST FROM THE PAST, PART THREE

#				
1.	Ben E. King	A.	Stand By Me
2.	Billy Eckstine	F.	My Foolish Heart
3.	Bobby McFerrin	M.	Don't Worry, Be Happy
4.	Bobby Womack	J.	Lookin' for a Love
5.	Carla Thomas	D.	Gee Whiz
6.	Dinah Washington	L.	What A Difference a Day Makes
7.	Drifters	O.	Save The Last Dance for Me
8.	Fats Domino	H.	Blueberry Hill
9.	Gloria Gaynor	Q.	I Will Survive
10.	Impressions	C.	It's Alright
11.	Isaac Hayes	I.	Theme from Shaft
12.	The Isley Brothers	E.	It's Your Thing
13.	Jimmy Ruffin	K.	What Becomes of The Brokenhearted
14.	Martha & The Vandellas	P.	Dancing in The Street
15.	Nancy Wilson	S.	How Glad I Am
16.	Patti Austin & James Ingram	N.	Baby, Come to Me
17.	Roberta Flack	R.	Killing Me Softly with His Song
18.	Staple Singers	G.	I'll Take You There
19.	Tone' Loc	B.	Wild Thing

PEOPLE, PLACES AND EVENTS

BLAST FROM THE PAST, PART FOUR

1.	Barbara Mason	R.	I Am Your Woman, She Is Your Wife
2.	Brenda Russell	C.	So Good, So Right
3.	Evelyn 'Champagne' King	L.	Shame
4.	Funkadelic	H.	Knee Deep
5.	George Duke	M.	Dukey Stick
6.	Heatwave	I.	Grooveline
7.	Lenny White	E.	Peanut Butter
8.	Linda Clifford	F.	Runaway Love
9.	LTD	J.	Stranger
10.	Parliament	N.	Theme from The Black Hole
11.	Patrice Rushen	A.	Haven't You Heard
12.	Peaches & Herb	G.	Reunited
13.	Phyllis Hyman	K.	You Know How to Love Me
14.	Prince	O.	I Wanna Be Your Lover
15.	Shalamar	P.	Second Time Around
16.	Slave	S.	Watching You
17.	Switch	Q.	I Call Your Name
18.	Sugarhill Gang	B.	Rapper's Delight
19.	Taste of Honey	D.	Boogie Oogie Oogie

KUFIKA

HARLEM RENAISSANCE – THE WRITERS

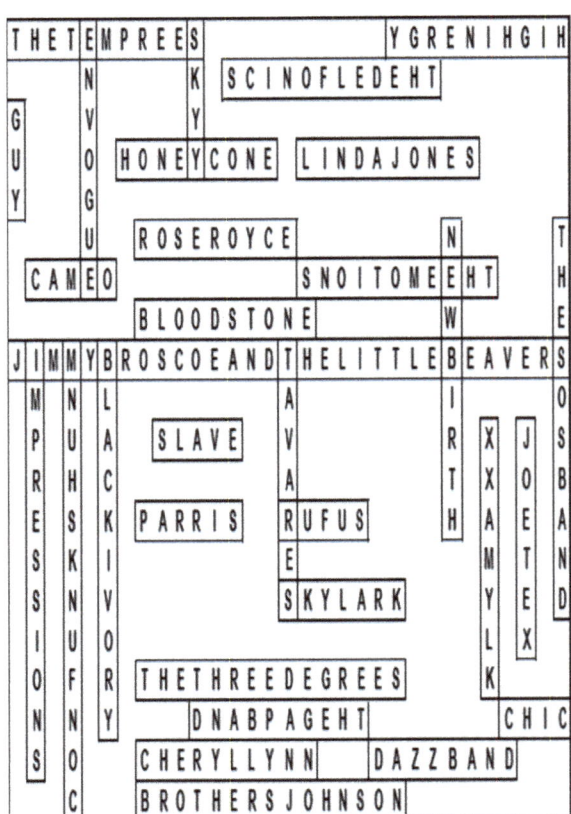

MEMORIES

BLACK PIONEERS

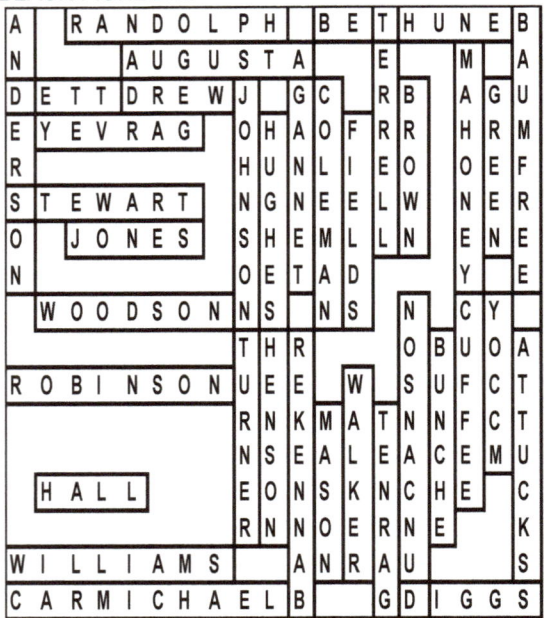

COMPELLING GOSPEL GREATS

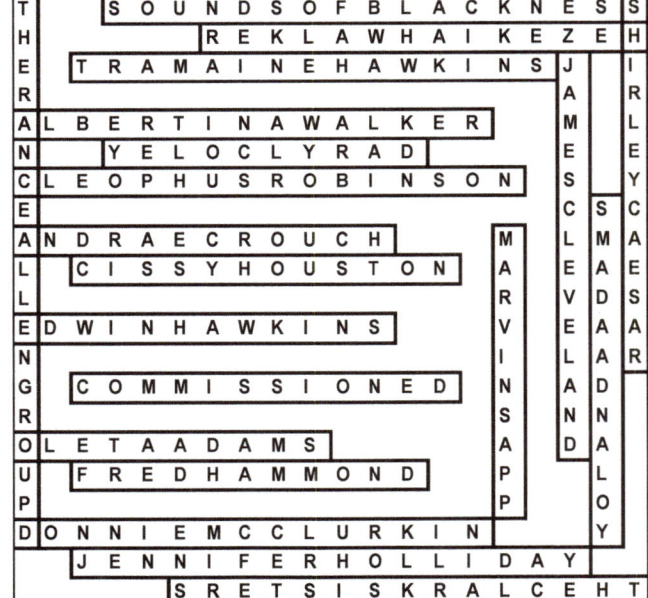

www.ingramcontent.com/pod-product-compliance
Lightning Source LLC
Chambersburg PA
CBHW061800290426
44109CB00030B/2900